DUDEN

Üben mit Lexi
Deutsch 1/2

Sprache entdecken

Erarbeitet von
Hans Peters und Iris Will

DUDEN PAETEC Schulbuchverlag
Berlin, Frankfurt a. M.

Inhaltsverzeichnis

Laute

Wortarten

 Schreiben

 Ankreuzen

 Verbinden

 Einkreisen

Wörter

Sätze

 Deutlich sprechen

 Lesen

 Malen

Selbstlaute (Vokale)

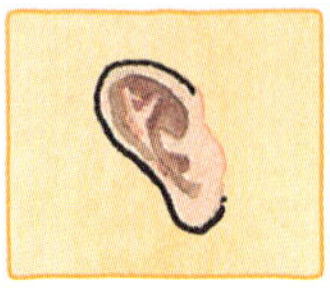

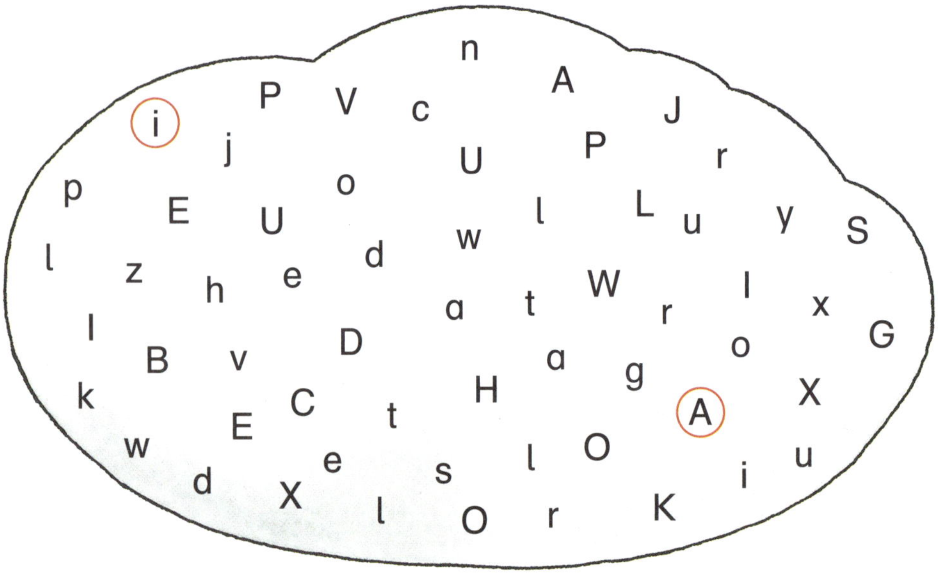

1 Kreise alle Selbstlaute ein.

der Wal	der H__t	das Sch__f	die L__pe

das N__st	der __st	das L__ma	der F__sch
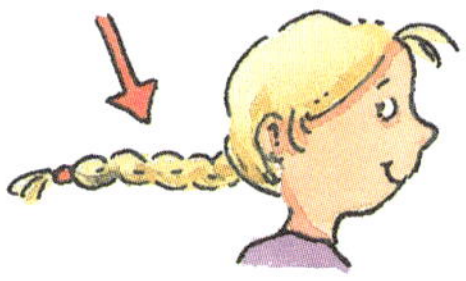			
der Z__pf	das D__ch	das Z__lt	die N__ss
		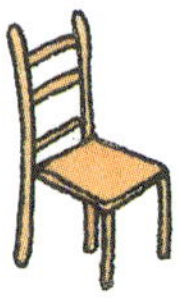	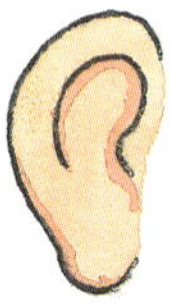
der H__nd	der W__nd	der St__hl	das __hr

2 **A a, E e, I i, O o, U u:** Welche Selbstlaute fehlen hier? Setze ein.

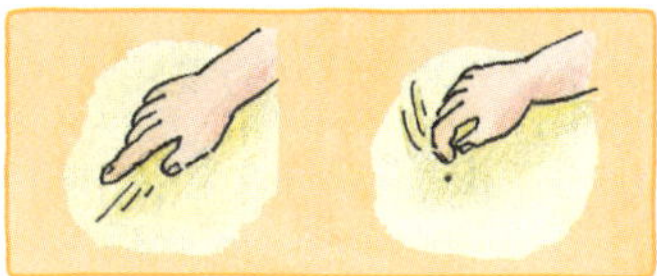

Lange und kurze Selbstlaute (Vokale)

der Blitz

das Zebra

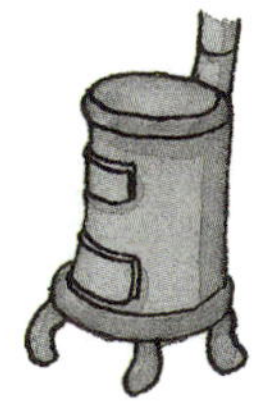

der Ofen

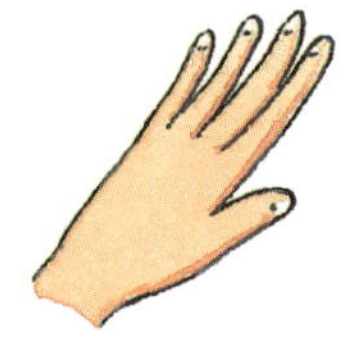

die Hand

das Heft

das Buch

die Wolke

der Tisch

der Bus

die Tafel

die Schule

die Dose

1. Markiere lange Selbstlaute mit einem Strich, kurze Selbstlaute mit einem Punkt.

Uhr | Reh | Pilz | Korb | Mann | Plan | Nuss | Zelt | Brot | Ski

langer Selbstlaut —	kurzer Selbstlaut •
Uhr	

2. Markiere lange Selbstlaute mit einem Strich, kurze Selbstlaute mit einem Punkt. Ordne die Wörter in die Tabelle ein.

Umlaute

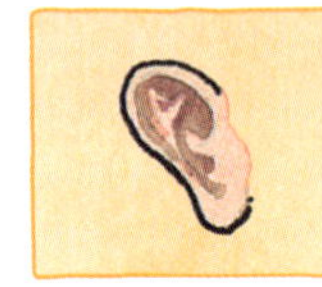

1 Kreise ein: bei **Ö ö** blau und bei **Ü ü** grün.

der W_ü_rfel

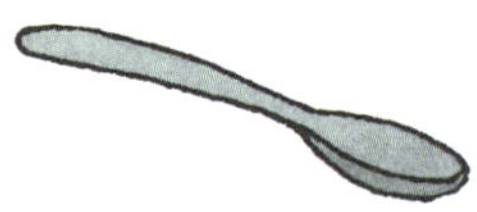

der L__ffel

die Fl__te

die Kr__te

der L__we

der F__ller

die B__rste

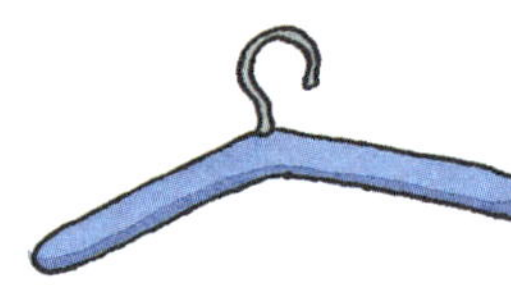

der B__gel

2 Ergänze **ö** oder **ü.**

Merke

Selbstlaute können sich in Umlaute verwandeln:
Aus **o** wird **ö,** aus **u** wird **ü** und aus **a** wird **ä.**
der K**o**ch – die K**ö**che, die K**u**h – die K**ü**he, der Z**a**hn – die Z**ä**hne

die Vögel	der Topf	die Schränke	das Fass
die Töpfe	der Vogel	die Fässer	das Rad
die Hüte	das Buch	die Räder	der Bach
die Bücher	der Hut	die Bäche	der Schrank

3 Verbinde verwandte Wörter.

Doppellaute (Zwielaute)

1 Kreise ein: bei **Au au** blau, bei **Ei ei** grün, bei **Eu eu** rot.

die Sch_eu_ne	das H_____s	das Kl_____d	der B_____tel

die L_____ter	die Fr_____	der T_____fel	das _____s

2 Ergänze **au, Ei, ei** oder **eu.**

Merke

Der Doppellaut **au** kann sich in **äu** verwandeln.
die M**au**s – die M**äu**se

die H ser	das Haus	die H_äu_ser
die Z ne	der Zaun	die Z_____ne
die B me	der Baum	die B_____me

3 Kreise **au** ein und ergänze **äu.**

e oder ä? eu oder äu?

Merke

Schreibe **ä,** wenn es ein verwandtes Wort mit **a** gibt.
Schreibe **äu,** wenn es ein verwandtes Wort mit **au** gibt.

die Z**ä**hne – der Z**a**hn — aber: die Z**e**lte – das Z**e**lt
die M**äu**se – die M**au**s — aber: die B**eu**len – die B**eu**le

Gibt es ein verwandtes Wort mit **a?**	Das verwandte Wort mit **a** heißt:	Also schreibe ich:
 ja ☒ nein ☐	der Ball	die Bälle
 ja ☐ nein ☒	———	die Zelte
 ja ☐ nein ☐		
 ja ☐ nein ☐		
Gibt es ein verwandtes Wort mit au?	**Das verwandte Wort mit au heißt:**	**Also schreibe ich:**
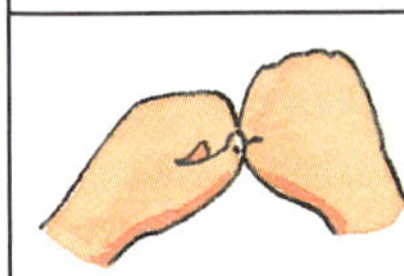 ja ☒ nein ☐	die Faust	die Fäuste
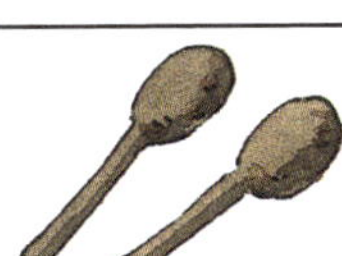 ja ☐ nein ☒	———	die Keulen
 ja ☐ nein ☐		
 ja ☐ nein ☐		

1 Schreibe die Wörter zu den Bildern. Überlege: **e** oder **ä? eu** oder **äu?**

Merke

Wörter, für die es eine **Einzahl** und eine **Mehrzahl** gibt, sind **Nomen (Substantive).** Sie werden **großgeschrieben.**
der Besen – **die B**esen, **die B**lume – **die B**lumen, **das K**ind – **die K**inder

	1 Banane		2 Bananen ______
	1 Apfel	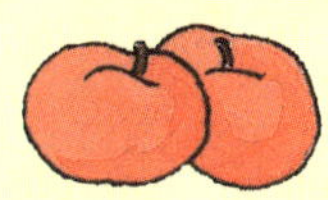	2 Ä ______
	1 Tomate	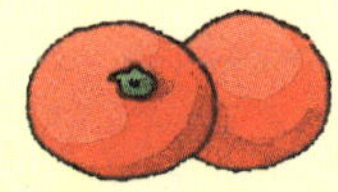	2 ______
	1 Gurke	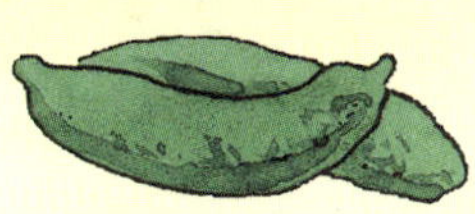	2 ______
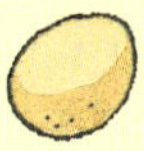	1 Ei		2 ______
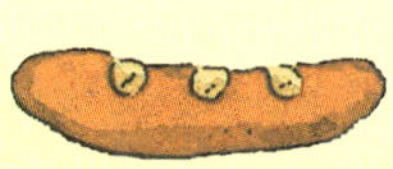	1 Brot		2 ______
	1 Brezel		2 ______
	1 Lutscher		2 ______

1 Toto und Lola brauchen von allem doppelt so viel wie Lexi.
Schreibe ihren Einkaufszettel fertig.

Nomen (Substantive)

die Autos

die Schaukel

das Lamm

die Ente

die Briefe

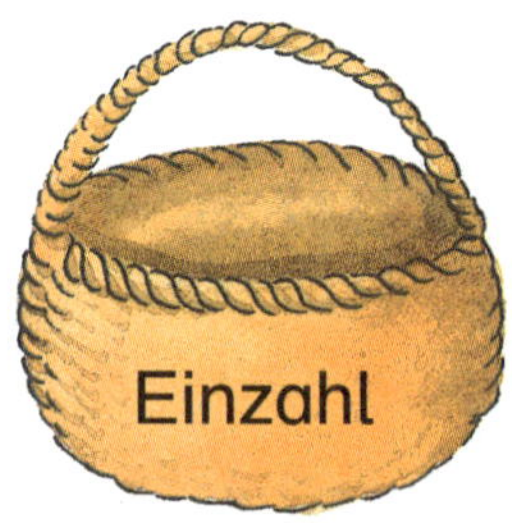

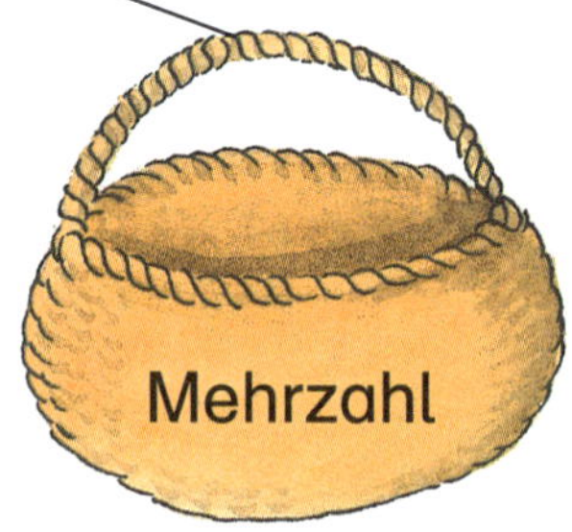

die Stifte

die Betten

die Flasche

der Ball

die Pferde

die Puppe

die Räder

1 Einzahl oder Mehrzahl? Verbinde jeweils mit dem passenden Korb.

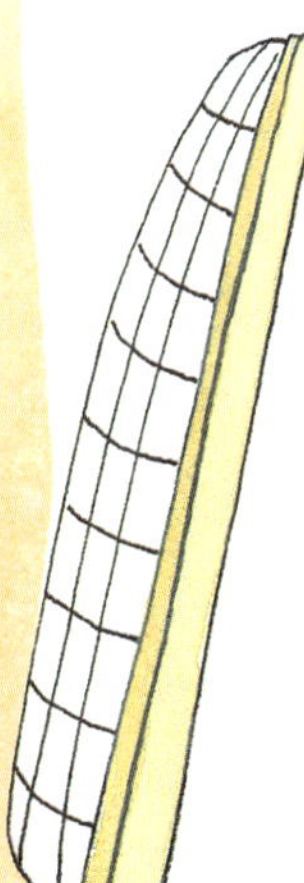

ein Mädchen	–	viele Mädchen
ein B__________	–	viele Bälle
ein Tor	–	viele __________
eine __________	–	viele Wiesen
ein Junge	–	viele __________

2 Ergänze die Einzahl oder Mehrzahl.

Nomen (Substantive)

die Frau	die Bücher	der Hase	die Schafe
das Buch	die Frauen	das Schaf	die Hasen

 die Frau –  die Frauen

 ______ –  ______

 ______ –  ______

 ______ –  ______

____

1 Verbinde jeweils Einzahl und Mehrzahl und schreibe sie zusammen auf.

2 Schau dir die Artikel in der Mehrzahl an. Was stellst du fest?

Merke

Zu jedem **Nomen (Substantiv)** gibt es einen passenden Begleiter (Artikel). Es gibt **bestimmte Artikel** und **unbestimmte Artikel.**
der M**ann** – **ein** M**ann**, **die** F**rau** – **eine** F**rau**, **das** K**ind** – **ein** K**ind**

Baum	Tisch	Tasche	Ratte	Heft	Spiel

der Baum - ein Baum

____

____

3 Schreibe die Nomen (Substantive) mit dem bestimmten und dem unbestimmten Artikel auf.

Nomen (Substantive)

Merke

Nomen (Substantive) sind häufig Wörter für Menschen, Tiere, Pflanzen und Dinge. Sie werden **großgeschrieben.**
das **K**ind, das **S**chaf, die **B**lume, der **B**esen

der Opa	der Roller	das Kind	die Katze
der Hund	die Frau	die Rose	der Schuh
die Palme	der König	die Hose	der Pelikan
das Zebra	die Tulpe	das Buch	der Baum

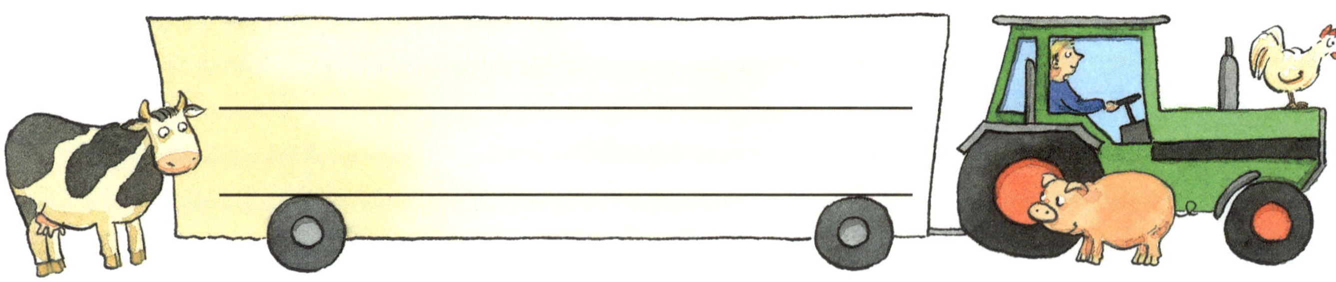

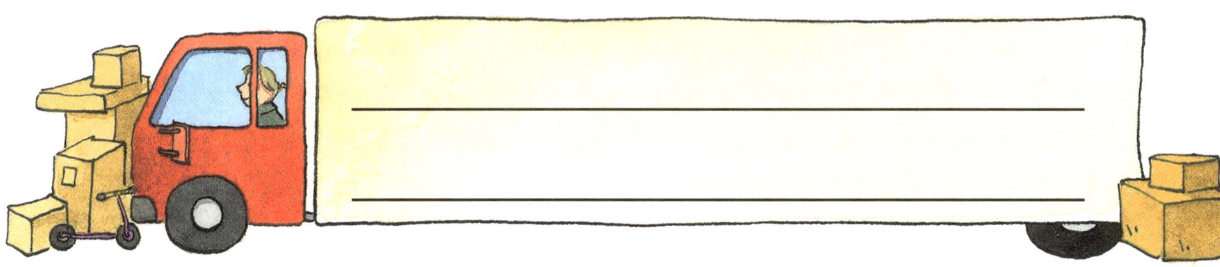

1 Kreise die Wörter für Menschen rot, die Wörter für Tiere blau, die Wörter für Pflanzen grün und die Wörter für Dinge gelb ein.

2 Schreibe die Nomen (Substantive) jeweils in das passende Fahrzeug.

Großschreibung von Nomen (Substantiven)

Roman fährt mit dem roller zum bolzplatz.
Die wiese mit den beiden toren liegt zwischen der schule und dem freibad.
Viele seiner freunde sind schon dort.
Mehrere kinder und ein hund rennen hinter einem ball her. Zwei mädchen spielen mit einem springseil.
Eine frau fährt mit dem fahrrad vorbei.
Mit einer hand winkt sie den kindern zu.

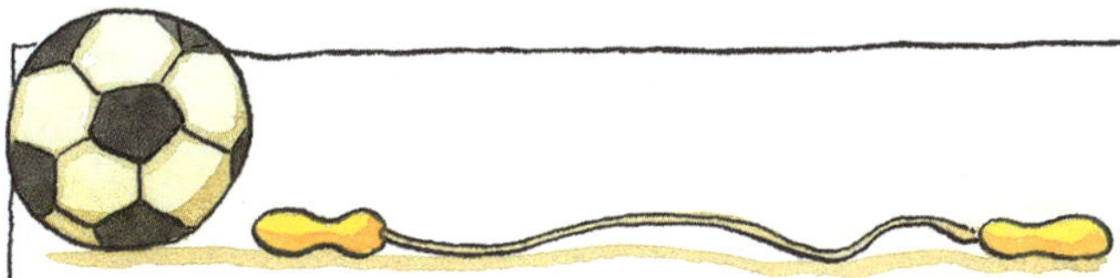

1 Welche Wörter müssen großgeschrieben werden? Unterstreiche die Nomen (Substantive) und kreise den jeweils ersten Buchstaben ein.

2 Schreibe den Text richtig auf.

Verben

Merke

Wörter, vor die man **wir** setzen kann, heißen **Verben.** Sie sagen uns, was jemand tut. Die wir-Form ist wie die **Grundform** der Verben.
wir **laufen,** wir **lernen,** wir **spielen**

wohnen	also	schlafen	essen
rot	rennen	der Garten	träumen
küssen	freundlich	spielen	lesen

1 Kreise die Verben ein.

Lia schreibt. — (wir) essen

Rita und Felix rechnen. — (wir) schreiben

Olli und Anna hüpfen. — (wir) fahren

Tim isst. — (wir) hüpfen

Christian fährt. — (wir) rechnen

Jule liest. — (wir) schlafen

Toska schläft. — (wir) lesen

2 Verbinde die Verben mit der passenden wir-Form (Grundform).

Merke

Verben können sich verändern. Der **Wortstamm** bleibt meist gleich.
Die **Endung** ändert sich. Sie zeigt, wer etwas tut.
ich spiel**e,** du spiel**st,** er/sie/es spiel**t,** wir spiel**en,** ihr spiel**t,** sie spiel**en**

Es schellt. Alle rennen über den Schulhof. Ben springt über ein Brett. „Du hüpfst wie ein Hase!", lache ich. Dann beginnt die nächste Stunde.

schellt ________ – wir schellen ________ ________ – wir ________

________ – wir ________ ________ – wir ________

________ – wir ________ ________ – wir ________

1 Unterstreiche die Verben und schreibe sie auf. Bilde auch die wir-Form.

2 Unterstreiche den Wortstamm. Schreibe die Endungen farbig nach.

malen	hören	springen	trinken

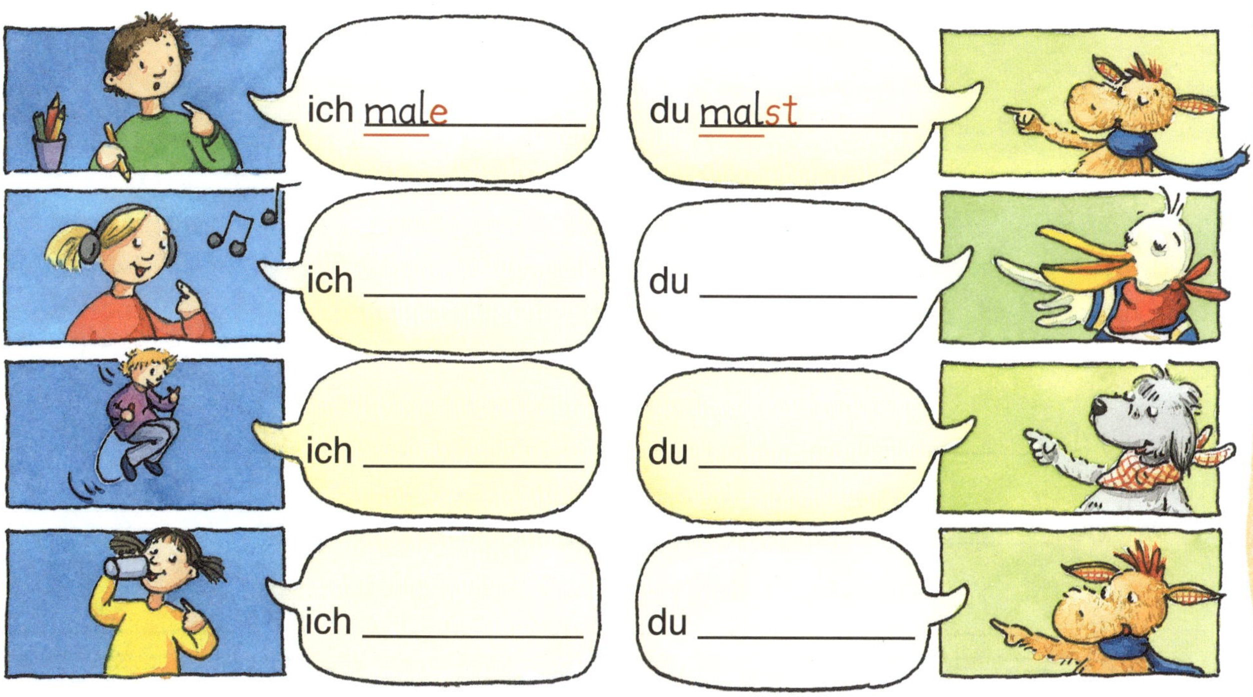

3 Ergänze die Verben in der richtigen Form.

4 Unterstreiche den Wortstamm. Schreibe die Endungen farbig nach.

Verben

spielen weinen sitzen schaukeln lachen klettern

Sie spielt.

Er ______________.

Er ______________.

Er ______________.

Es ______________.

Sie ______________.

1 Ergänze die Verben in der richtigen Form.

2 Unterstreiche den Wortstamm. Schreibe die Endungen farbig nach.

säge baue klebst klebe baut

klebt baust sägst sägt

bauen	sägen	kleben
ich ______________	ich ______________	ich ______________
du ______________	du ______________	du ______________
er ______________	er ______________	er ______________

3 In welches Haus gehören die Verben? Ordne sie richtig zu.

4 Unterstreiche den Wortstamm. Schreibe die Endungen farbig nach.

Merke

Adjektive sind Wörter, die man zwischen Artikel und Nomen setzen kann. Sie sagen uns, **wie** jemand oder etwas ist.
klein – das **kleine** Gespenst

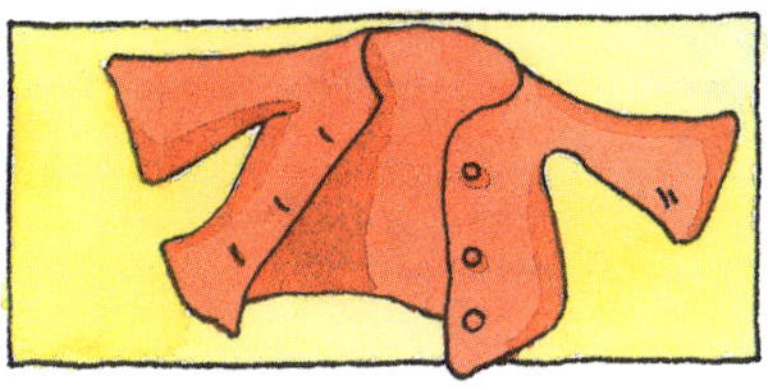

Wie ist die Jacke?

- [ ] blau
- [ ] rot
- [ ] grün

Wie ist der Mann?

- [ ] alt
- [ ] dünn
- [ ] stark

Wie ist der Elefant?

- [ ] klein
- [ ] leicht
- [ ] groß

Wie ist das Wetter?

- [ ] neblig
- [ ] sonnig
- [ ] regnerisch

Wie ist die Frau?

- [ ] sauer
- [ ] fröhlich
- [ ] traurig

Wie ist die Geschichte?

- [ ] lustig
- [ ] langweilig
- [ ] traurig

Wie ist der Junge?

- [ ] trocken
- [ ] nass
- [ ] dick

Wie ist das Brett?

- [ ] dunkel
- [ ] breit
- [ ] schmal

Wie sind die Haare?

- [ ] blond
- [ ] rot
- [ ] lockig

1 Kreuze jeweils die passende Antwort an.

Adjektive

Merke

Adjektive können auch sagen, **wie** jemand etwas tut.
weit laufen, **gut** rechnen

Wie kriecht die Schnecke?

- ☐ schnell
- ☐ langsam
- ☐ hoch

Wie laufen die Hühner?

- ☐ heiß
- ☐ aufgeregt
- ☐ langsam

Wie springt das Känguru?

- ☐ hoch
- ☐ kalt
- ☐ ängstlich

Wie läuft der Gepard?

- ☐ sauer
- ☐ schnell
- ☐ alt

Wie schläft der Mann?

- ☐ leise
- ☐ jung
- ☐ laut

Wie spielen die Kinder?

- ☐ ruhig
- ☐ wild
- ☐ höflich

1 Kreuze jeweils die passende Antwort an.

Merke

Adjektive haben eine **Grundform** und können eine **Endung** haben.
alt – der alt**e** Pirat, die alt**e** Karte, das alt**e** Buch

stachelig | groß | gestreift | winzig | weiß

Das Zebra ist gestreift. das gestreifte Zebra

Das Schaf ist ______________. das ______________ Schaf

Der Igel ist ______________. der ______________ Igel

Der Elefant ist ______________. der ______________ Elefant

Die Laus ist ______________. die ______________ Laus

1 Wie sind die Tiere? Schreibe so wie im Beispiel.

Der Stein ist hart, die Feder ______________,
wer nicht arm ist, der ist ______________.
Mal ist es dunkel und mal ______________,
lauf ich langsam oder ______________?
Bücher sind eckig, Bälle sind ______________,
wer nicht krank ist, ist ______________!

rund	weich
gesund	schnell
reich	hell

2 Finde die Gegensätze.

Wortstamm – Wortfamilien

Merke

Wörter, die denselben **Wortstamm** haben, gehören zu einer **Wortfamilie.** Der Wortstamm ist der Wortteil, der bei den Wörtern meistens gleich ist. **spiel**en: **Spiel**platz, **Spiel**er, er **spiel**t

der Fahrgast	der Auflauf	der Rest	die Fahrbahn	läuft
die Läuferin	das Fahrzeug	das Lauffeuer	der Dauerlauf	
der Radfahrer	abfahren	übrig	die Laufschuhe	die Fähre

1 In welches Haus gehören die Wörter? Trage die verwandten Wörter ein.

2 Unterstreiche in jedem Wort den Wortstamm.

das Steckenpferd	spielen	die Sitzung	suchen
der Sitzplatz	die Suche	die Spielregel	der Stecker
der Versuch	stecken	das Spielzeug	sitzen

3 Welche Wörter gehören zu einer Wortfamilie? Male die Kästen jeweils in derselben Farbe an.

Wortstamm – Wortfamilien

der Bootsbau	das Becken	der Bauklotz	aufbauen	der Bauhof
befinden	der Anbau	der Hunger	verbaut	die Baustelle
der Baustoff	das Beet	der Bauplatz	bauen	das Bein

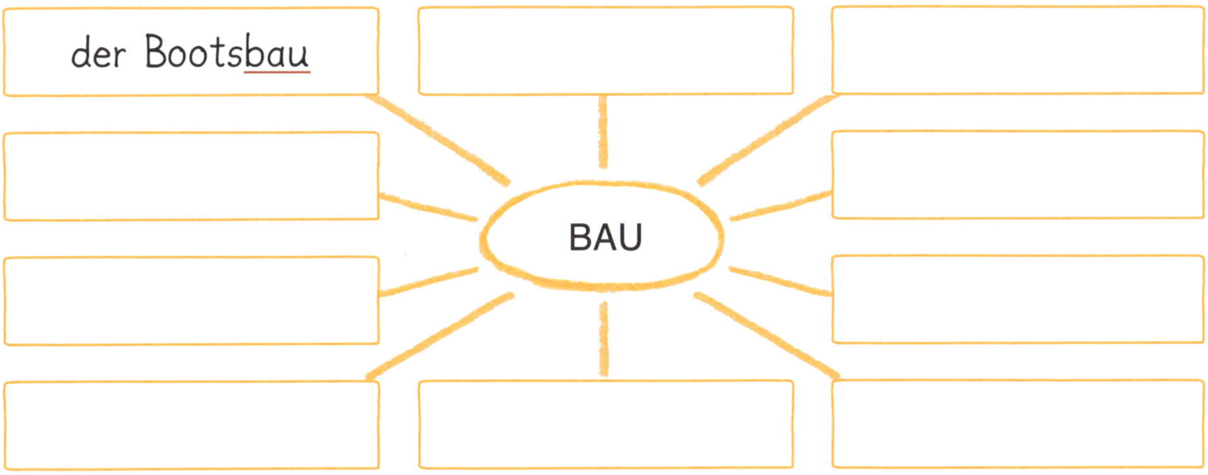

1 Trage die Wörter mit dem Wortstamm BAU ein.

2 Unterstreiche in jedem Wort den Wortstamm.

der Kugelschreiber	verschreiben	schreien	der Schornstein
der Schreibfehler	das Schreibheft	die Schraube	abschreiben
die Beschreibung	der Schreiner	er schreibt	der Schreibstift
der Schreibtisch	erschrecken	schreibfaul	die Scheibe

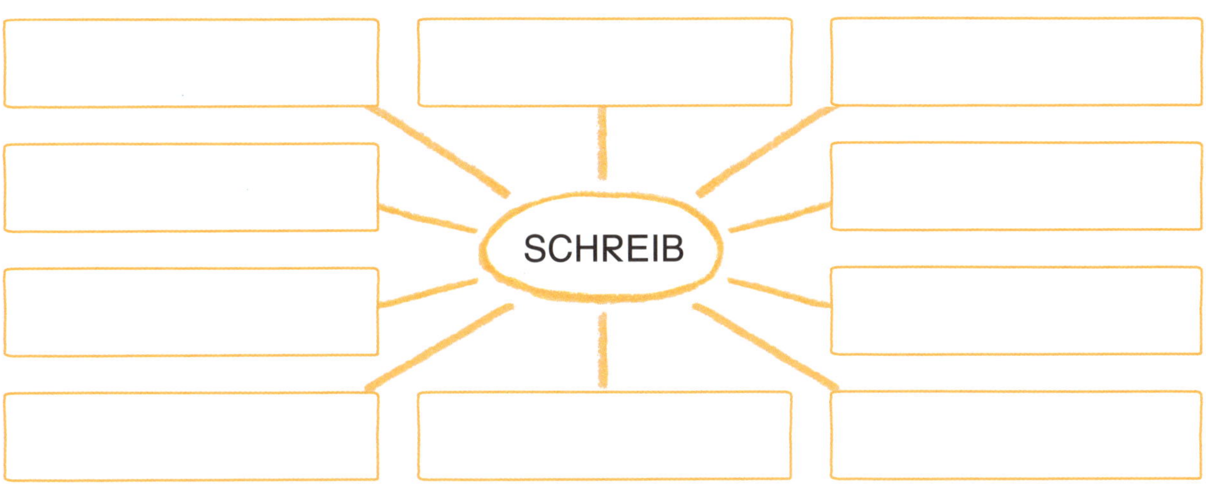

3 Trage die Wörter mit dem Wortstamm SCHREIB ein.

4 Unterstreiche in jedem Wort den Wortstamm.

Vor- und Nachsilben

mit-	singen	kommen	malen	schmecken
	schießen	schrecken	laufen	nehmen
ab-	schwimmen	bestimmen	spielen	fahren

1 Bilde mit den Wortbausteinen neue Wörter und schreibe sie in den passenden Turm.

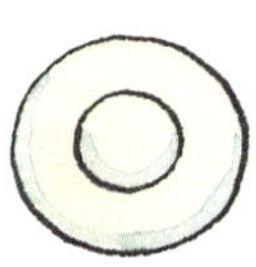 der Teller 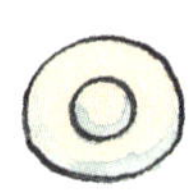 das Tellerchen

 der Ring  das Ringlein

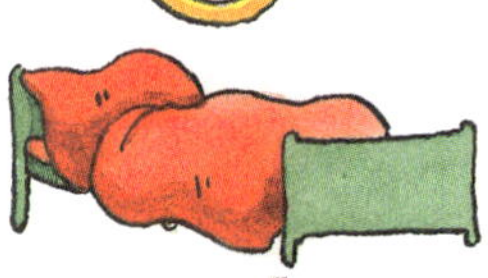 das Bett  ____________

 die Tür 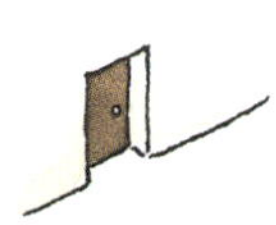 ____________

 der Fisch  ____________

2 Verkleinere die Wörter mit **-chen** oder **-lein.**

Haus + Tür

Zusammengesetzte Wörter

Merke

Aus Nomen (Substantiven) kann man ein **zusammengesetztes Nomen (Substantiv)** bilden. das **Haus,** die **Tür** – die **Haustür**

Baum — Schlitten / Brot / Haus

Brief — Kasten / Bus / Brett

Wald — Reh / Teich / Beere

Fußball — Himmel / Feld / Fenster

1 Bilde zusammengesetzte Nomen (Substantive).
Verbinde die passenden Wörter.

Bücher | Hunde | Regal | Feuer | Hütte | Holz

______ + ______ → ______

______ + ______ → ______

______ + ______ → ______

2 Bilde zusammengesetzte Nomen (Substantive). Schreibe sie auf.

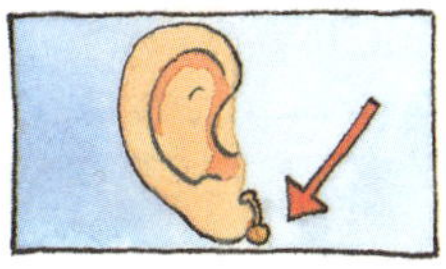

Ohrring — Ohr + Ring

Wurstbrot — ______ + ______

3 Welche Wörter verstecken sich hier? Schreibe sie auf.

Zusammengesetzte Wörter

Flohmarkt	Floh	+	Markt		
Eierbecher		+			
Haustürschlüssel		+		+	
Seehundflosse		+		+	

1 Welche Wörter verstecken sich hier? Schreibe sie auf.

Merke

Aus einem Nomen (Substantiv) und einem Adjektiv kann man ein **zusammengesetztes Adjektiv** bilden. das **Gras, grün – grasgrün**

 Himmel		leicht	himmelblau
 Feder		süß	
 Blitz		blau	
 Honig		schnell	

2 Bilde zusammengesetzte Adjektive. Schreibe sie auf.

butterweich	Butter	+	weich
grasgrün		+	
pfeilschnell		+	

3 Welche Wörter verstecken sich hier? Schreibe sie auf.

Merke

Wörter, die eine ähnliche Bedeutung haben, kannst du in einem **Wortfeld** sammeln. Das hilft dir, dich genauer auszudrücken.

1 Findest du das Wort, das nicht dazugehört? Kreuze an.

schimpfen	riechen	brüllen	flüstern	schreien
sagen	wispern	reden	betrachten	murmeln

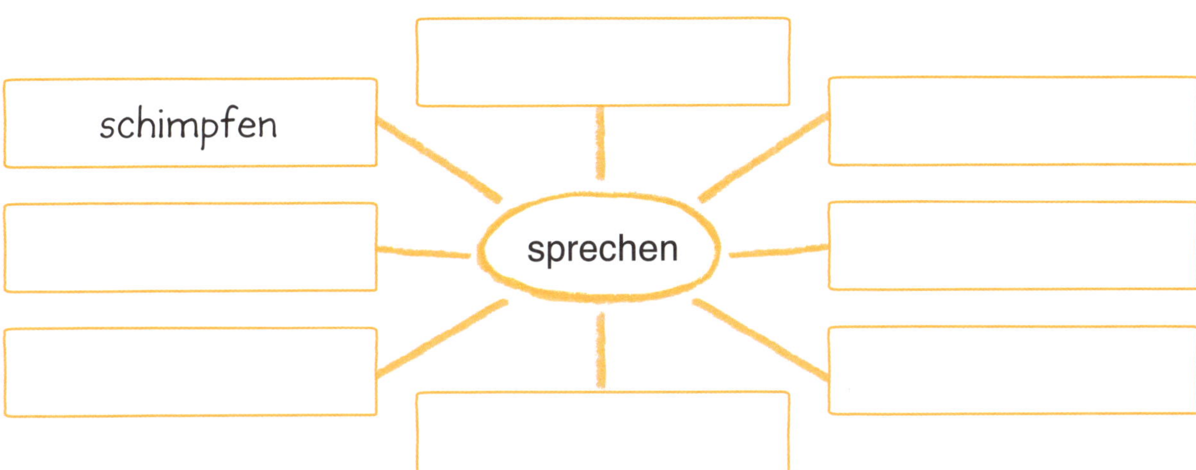

2 Trage die Wörter ein, die zum Wortfeld **sprechen** gehören.

Wortfelder

gucken | schleichen | schauen | flitzen | spähen
starren | betrachten | laufen | rennen
blicken | hasten | trotten | glotzen | eilen

sehen	gehen

1 Hier sind zwei Wortfelder durcheinandergeraten.
Schreibe die Wörter geordnet auf.

Das Kind	trampelt trippelt hüpft	auf einem Bein.

Lexi	geht. rennt. trottet.

Der Mann	läuft. humpelt. schreitet.

2 Sag es genau. Kreise das passende Verb ein.

Lexi trinkt. | Die Sonne scheint. | Oma und Opa lesen.

1 Schreibe zu jedem Bild den passenden Satz.

Lexi	feiert.	Oma	segelt.
Toto	sägt.	Der Mann	schläft.
Die Familie	schreibt.	Lola	isst.

2 Verbinde und schreibe zu jedem Bild den passenden Satz.

Satzbildung

Ina

☐ badet.
☐ trinkt.
☐ reitet.

Alex spielt

☐ Klavier.
☐ Fußball.
☐ Federball.

Der Junge holt

☐ den Ball.
☐ ein Buch.
☐ ein Eis.

Hanna schreibt

☐ ihrer Oma einen Brief.
☐ ihrem Onkel eine Karte.
☐ ihrem Bruder eine Notiz.

Das Mädchen liest

☐ in einer Zeitung.
☐ in einem Brief.
☐ in einem Buch.

Das Flugzeug landet

☐ auf dem Flughafen.
☐ im Kornfeld.
☐ hinter dem Wald.

Markus geht

☐ um 11 Uhr zum Bahnhof.
☐ um 9 Uhr zum Bahnhof.
☐ um 9 Uhr zum Handball.

1 Welcher Satz passt zum Bild? Kreuze an.

2 Schreibe die Sätze in dein Heft.

Paul fährt.	zu Ede	mit dem Roller	gleich

Wann? gleich ______

Womit? ______

Wohin? ______

Paul fährt ______.

Greta spielt.	Geige	am Wochenende	im Zimmer

Wann? ______

Was? ______

Wo? ______

Greta ______.

Die Kinder bauen.	eine Burg	gerade	aus Sand

Wann? ______

Was? ______

Woraus? ______

Die Kinder ______.

Lilli sammelt.	im Wald	Kastanien	mit ihrer Mutter

Mit wem? ______

Was? ______

Wo? ______

Lilli ______.

1 Sag es genau. Beantworte die Fragen und schreibe die ergänzten Sätze auf.

Satzbildung

feuerrote Haare.	hat	Pippi

Pippi hat ______________________________.

klingelt	Das Telefon	laut.

auf der Stange.	sitzen	Die Hühner

1 Ordne die Wörter und schreibe die Sätze auf.
Findest du verschiedene Möglichkeiten?

Der Bäcker	spielt	Handball	im Backofen.
Die Mannschaft	backt	Brot	in der Halle.

2 Welche Wörter gehören jeweils zu einem Satz? Male diese Kästen in derselben Farbe an und schreibe die beiden Sätze auf.

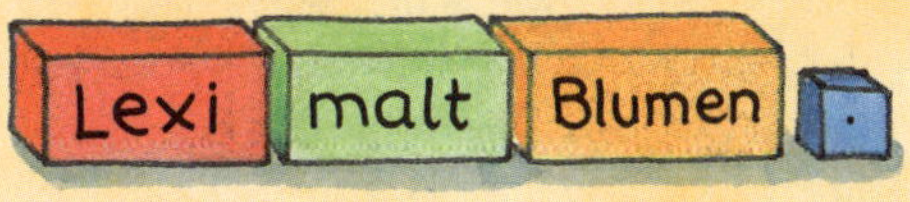

Satzzeichen (Punkt)

Merke

Am Satzanfang schreibt man **groß.**
Am Ende eines **Aussagesatzes** steht ein **Punkt.**
Lexi bastelt einen Drachen**. E**r ist bunt**.**

das Baumhaus ist toll geworden
lexi will noch eine Tür bauen
er nimmt ein Brett
toto gibt Lexi die Nägel
lexi greift zu
leider packt er daneben
die Nägel fallen auf den Boden
lexi klettert den Baum hinunter
er sammelt die Nägel auf
dann klettert Lexi wieder nach oben
endlich kann er die Tür bauen

1 Setze Punkte am Ende der Sätze.

2 Welche Wörter müssen großgeschrieben werden?
Kreise den ersten Buchstaben dieser Wörter ein.

lola, Toto und Lexi wandern durch den Wald es riecht nach Erde und Moos die Hündin Lola schnuppert ihre Freunde Toto und Lexi schauen sich verwundert an plötzlich hüpft ein Hase über den Weg jetzt ist alles klar sie hat den Hasen gerochen

3 Wo ist ein Satz zu Ende? Setze dort jeweils einen Punkt.

4 Welche Wörter müssen großgeschrieben werden?
Kreise den ersten Buchstaben dieser Wörter ein.

5 Schreibe den Text richtig in dein Heft.

Satzzeichen (Punkt, Fragezeichen)

Merke

Am Ende eines **Fragesatzes** steht ein **Fragezeichen.**
Wo ist Lexi**?** Kommst du mit**?**

Wann ist die Fütterung	Die Toilette ist neben dem Kiosk
Wie heißt die Giraffe	Die Fütterung ist um 11 Uhr
Wo ist die Toilette	Die Affen machen Späße
Welche Tiere machen Späße	Die Giraffe heißt Gina

1. Setze Punkt oder Fragezeichen und verbinde die passenden Fragen und Antworten.

Woher sind die Elefanten	Wo sitzt der Papagei
Wer hat ein Eis	Was macht der Löwe

Woher ______________________

Die Elefanten sind aus Indien

____

Lexi hat ein Eis

____

Der Papagei sitzt auf dem Baum

____

Der Löwe brüllt

2. Setze Punkt oder Fragezeichen und ergänze die passenden Fragen.